LA FAUSSE RELIQUE D'ARGENTEUIL

PAR

L'ABBÉ MOHL

PROFESSEUR D'HISTOIRE

PRIX : 1 fr. 50 cent.

PARIS

IMPRIMERIE DE LA COUR D'APPEL

L. MARETHEUX, Directeur

SOCIÉTÉ ANONYME AU CAPITAL DE 185,000 FRANCS

1895

LA FAUSSE RELIQUE

D'ARGENTEUIL

LA FAUSSE RELIQUE D'ARGENTEUIL

PAR

L'ABBÉ MOHL

PROFESSEUR D'HISTOIRE

PARIS

IMPRIMERIE DE LA COUR D'APPEL

L. MARETHEUX, Directeur

SOCIÉTÉ ANONYME AU CAPITAL DE 135,000 FRANCS

1895

AVANT-PROPOS

Un adversaire intéressé de la relique d'Argenteuil, M. le Dr Willems, secrétaire particulier de Monseigneur l'évêque de Trèves, n'a pas craint, en l'attaquant, d'insinuer que cette relique qui, avant la Révolution, était, selon lui, un manteau, a été transformée depuis en tunique, par une disposition *ad hoc* des fragments qui en sont restés (1).

Cette allégation qui va jusqu'à mettre en doute la sincérité de Mgr Goux, évêque de Versailles, ne nous semble pas fondée.

Il est vrai qu'aucun de ceux qui ont écrit sur la Relique avant la Révolution ne l'a vue déployée, et que les deux documents ou procès-verbaux qui attestent que c'était une véritable tunique, n'ont pas grande valeur.

Cependant, depuis que son culte existe historiquement, c'est-à-dire depuis plus de quatre cents ans,

(1) *La Sainte Robe de Trèves et la relique d'Argenteuil*, pp. 99, 102, 103.

elle n'a jamais eu d'autre dénomination que celle de tunique. Bien qu'elle ait été tenue rigoureusement pliée et sous verre, d'après D. Wyard, pendant les cent cinquante ans environ qui ont précédé l'époque (1667) où il écrivait *la Tunique inconsutile de Notre-Seigneur Jésus-Christ*, et qu'il en ait été de même jusqu'à la Révolution, des ostensions fréquentes avaient eu lieu précédemment, et un chroniqueur, nommé Gauthier, affirme avoir vu la Tunique dans son entier à plusieurs reprises (1).

D'où il ressort avec évidence que, si ce n'eût été autre chose qu'un manteau, comme le prétend M. Willems, on ne lui aurait pas gardé, pendant trois cents ans au moins, ce nom de tunique.

Les débris qui en sont conservés actuellement sont donc bien ceux, sinon d'une tunique proprement dite, au moins d'un vêtement en forme de tunique.

Nous tenons à ce que le lecteur considère ce point comme étant à nos yeux hors de conteste, avant de lui laisser commencer la lecture de notre travail.

(1) *Histoire de la Sainte Tunique d'Argenteuil*, publiée par l'abbé Vanel, p. 234.

INTRODUCTION

L'église d'Argenteuil possède un tissu très ancien en forme de tunique, que depuis plusieurs siècles on propose à la vénération des fidèles sous le nom de « Tunique sans couture de Notre-Seigneur Jésus-Christ. »

Bien que son authenticité ait été jusqu'ici fortement contestée, l'autorité religieuse s'est toujours bien gardée de désapprouver le culte dont elle est l'objet. A plusieurs reprises, Rome l'a même encouragé de privilèges spirituels, estimant que, le véritable objet de cette piété étant Notre-Seigneur Jésus-Christ, l'authenticité plus ou moins certaine de la relique n'a, dans ce cas, qu'une importance secondaire.

C'est d'ailleurs l'opinion des esprits chrétiens les plus éclairés, même parmi les protestants :

« Quand il ne s'agit que de stimuler la piété, dit Leibnitz, si même il arrivait que des reliques tenues pour authentiques fussent des reliques supposées, le fait serait sans importance (1). »

(1) *Syst. théolog.*, p. 93.

« Quand il serait vrai, dit de son côté Mabillon, que ces reliques ne seraient pas tout à fait certaines, elles peuvent mériter quelque honneur par rapport à la personne à qui on les attribue, parce que, encore qu'elles ne fussent pas en effet véritables, elles sont, en quelque forme, les mêmes choses que les véritables (1). »

Le savant religieux ayant été chargé de vérifier l'authenticité et la nature des reliques du diocèse de Paris, se vit obligé d'écrire à Benoît XIV, que plusieurs d'entre elles n'étaient pas même de véritables ossements.

Le Saint-Père lui ordonna de garder les choses en leur état et de laisser intacte la bonne foi des fidèles, jugeant comme Leibnitz et comme Mabillon lui-même, qu'il en résulterait toujours quelque bien.

La relique d'Argenteuil n'a pas d'autre titre à la vénération des chrétiens. On peut continuer à l'honorer parce qu'il en est ainsi depuis quelques siècles, parce que ceux qui la vénèrent comme la véritable tunique de Notre-Seigneur, ne peuvent en retirer qu'un accroissement de piété et de vertu. Elle a pour elle la tradition d'un culte plusieurs fois séculaire; les savants peuvent trouver cela insuffisant, mais les âmes pieuses s'en sont contentées jusqu'à ce jour.

Voilà pourquoi ses principaux historiens, évitant toute discussion scientifique, s'étaient bornés jusqu'ici

(1) Cité par l'abbé Vanel : *Histoire de la Sainte Tunique d'Argenteuil*, p. 46.

à rassembler indistinctement ce que l'histoire et la légende rapportaient de cette relique, et sans autre prétention, l'offraient comme telle au public.

Mais récemment un prêtre du diocèse de Versailles, conseillé et encouragé par son évêque, en a jugé autrement. M. Jacquemot, curé de Boissy-Saint-Léger, a publié en la qualifiant d'*Essai critique et historique*, une nouvelle histoire de la relique d'Argenteuil (1).

Mgr Goux a trouvé ce travail très fort. « Je suis convaincu, dit-il à l'auteur dans sa lettre d'approbation, que l'apparition prochaine de votre livre, en rouvrant peut-être pour un temps la période des débats, dissipera tout nuage, etc. (2) »

Le livre de M. Jacquemot, depuis plus d'un an qu'il est publié, n'a point « rouvert la période des débats ». Nulle feuille publique, en dehors de quelques journaux religieux, n'en a dit mot. Encore, l'ont-ils fait par convenance ou par complaisance, quand ce n'est pas M. Jacquemot lui-même qui a rédigé l'article (3).

La critique contemporaine a souri devant ce produit

(1) *La Tunique sans couture de Notre-Seigneur Jésus-Christ, conservée dans l'église d'Argenteuil*, société de Saint-Augustin, Lille, 1894.

(2) *Ibid.*, p. 46.

(3) L'article du *Correspondant* a pour auteur M. Vautroys, un de ses camarades de séminaire. Celui du *Nouveau Moniteur de Rome* est la reproduction textuelle des pages 10 et 11 de l'Introduction de son livre. Quant à ceux de la *Semaine religieuse de Versailles*, ils ne pouvaient être que de la réclame, dans toute l'acception du mot.

de la fatuité et a passé outre. Elle a adhéré, par son silence, aux paroles récentes d'un grand orateur, quoique séparé de l'Eglise, à savoir « que tout ce qui a été dit sur la relique d'Argenteuil ne mérite même pas l'examen (1). »

L'ouvrage en question a « dissipé tout nuage », en ce sens que ceux qui doutaient encore de la fausseté de la relique n'ont eu qu'à le lire attentivement pour sentir leur doute se changer en certitude.

Loin de nous donc la pensée de rouvrir, même pour un instant, la période de débats prédite par Mgr Goux, au sujet d'un livre qui ne soutient pas la discussion.

Nous craignons seulement que personne ne proteste en France, au nom de la science historique ecclésiastique, contre cet *Essai critique et historique*, et que l'auteur n'interprète triomphalement ce silence dans le sens d'une approbation.

Nous prenons la plume pour qu'il n'en soit pas ainsi.

Ignorant de la question jusqu'à ces derniers temps, et par conséquent flottant entre ceux qui affirmaient l'authenticité et ceux qui la niaient, il nous a suffi d'examiner ce tissu d'erreurs, d'impertinences et de contradictions pour en tirer cette double conclusion :

1° Que la relique d'Argenteuil, examinée dans son histoire et dans les titres sur lesquels elle s'ap-

(1) M. Hyacinthe Loyson. Conférence du 31 août 1891.

puie, est dépourvue de tout caractère d'authenticité ;

2° Que la relique d'Argenteuil, examinée en elle-même, conduit logiquement à cette autre conclusion :

Il est impossible qu'elle soit authentique.

LA FAUSSE RELIQUE D'ARGENTEUIL

PREMIÈRE PARTIE

Histoire de la Relique.

§ 1er.

LA LÉGENDE DE CHARLEMAGNE

La première question qui se pose en présence de la relique d'Argenteuil est celle-ci : comment cette prétendue Tunique de Notre-Seigneur est-elle venue à Argenteuil ?

Tous ses historiens répondent sans hésiter : C'est Charlemagne qui en a fait don à sa fille Théodrade, alors abbesse du monastère d'Argenteuil.

C'est ce qu'on a fait buriner récemment, en lettres d'or, au fronton de la nouvelle châsse, comme un article de foi :

TUNICAM DEI INCONSUTILEM
KAROLUS MAGNUS ARGENTOLIUM CIRCITER
ANNO DCCC DIE XII AUGUSTI AFFERT
SACRUM REDEMPTIONIS PIGNUS
THEODRADA MONASTERII ABBATISSA
CUM JUBILO ACCIPIT

(Tunique inconsutile de Dieu qu'apporta Charlemagne à Argenteuil, environ l'an 800, le 12e jour d'août. Théodrade, abbesse du monastère, reçoit avec joie ce gage sacré de la Rédemption,

Le lecteur suppose sans aucun doute que cette inscription a été empruntée au récit de quelque chroniqueur contemporain témoin d'un aussi grand événement. Il n'en est rien. Cette inscription est une pure invention, car aucun écrivain du temps de Charlemagne ni des siècles suivants ne dit mot d'un semblable événement. Et pourtant les relations de témoins pour ainsi dire quotidiens de sa vie ne manquent pas. Éginhard, le premier entre tous, son secrétaire et son confident, qui l'a suivi partout, qui a écrit sa vie presque jour par jour, ignore totalement le fait en question. Il n'en parle ni dans sa *Vie de Charlemagne*, ni dans ses *Annales des rois francs de* 741 *à* 829.

Les autres chroniqueurs du temps, Théophane, le moine de Saint-Gall, Paul le Diacre, les poètes saxons célèbrent à l'envi les faits et gestes du grand empereur, particulièrement ceux qui ont un caractère religieux. Ils nous racontent que Charlemagne a reçu des reliques du Saint-Sépulcre, les clefs, le Titre de la Croix ; qu'il a écrit au pape Léon pour le prier d'examiner le sang du Christ qui est à Mantoue : pas un mot de la remise de la Tunique sans couture de

Notre-Seigneur à sa fille Théodrade, abbesse d'Argenteuil.

Cette légende s'appuie uniquement sur ce fait, que chaque jour, à une heure de l'après-midi, on sonne la cloche depuis plusieurs siècles, en souvenir, dit-on, de l'entrée solennelle de la sainte Tunique à Argenteuil.

Cet usage constituerait en effet une tradition et serait par là même une preuve, s'il était constaté qu'il remonte sans interruption jusqu'au temps de Charlemagne. Mais il s'en faut de beaucoup qu'il en soit ainsi. On n'en trouve aucune trace avant le xvie siècle.

Tout ce que les historiens de la relique d'Argenteuil affirment à ce sujet antérieurement à cette époque est absolument gratuit.

C'est donc une lacune de sept siècles qui reste à combler et qui demeure un obstacle insurmontable à tous ceux qui voudraient tirer un argument traditionnel de l'usage établi depuis quatre siècles seulement, de sonner chaque jour la cloche, à une heure de l'après-midi.

Il convient néanmoins, à titre de simple curiosité, de rapporter le récit singulier que D. Gerberon nous a laissé à ce sujet dans son *Histoire de la Robe sans couture de Notre-Seigneur*.

Le fait qu'il relate s'est passé, dit-il, cinq ou six ans avant l'époque où il écrit. Du Chesne, procureur d'Argenteuil, et Ruelle, syndic, ont découvert dans les archives de la paroisse, deux documents très anciens, l'un en latin, l'autre en français, qui ont disparu au moment où D. Gerberon écrit. Du Chesne a remarqué aux mots « tunica inconsutilis » et « unâ horâ », qu'il s'agissait de la tunique d'Argenteuil et de l'heure à laquelle elle fut déposée dans l'église paroissiale.

Quant au syndic Ruelle, le titre qu'il a découvert et qui est « de huit cents et tant d'années », est « en français » et rapporte en détail l'arrivée de la sainte Tunique à Argenteuil et l'offre qu'en fit Charlemagne à sa fille Théodrade.

Voyez-vous un document du IXe siècle écrit en français?

Comprenez-vous qu'en 1666 on ait découvert ces deux titres, et que six ans plus tard, au moment où D. Gerberon aurait eu tant d'intérêt à les compulser pour la composition de son livre, il n'en reste plus trace?

On se demande comment D. Gerberon a pu insérer dans son livre une pareille plaisanterie; mais ce qui étonne davantage encore, c'est que des historiens modernes de la relique d'Argenteuil, tels que M. Jacquemot, aient osé la rééditer, surtout connaissant le jugement qu'ont porté sur lui ses frères de la Congrégation de Saint-Maur : « La fécondité de sa plume infatigable n'a abouti qu'à entasser des écrits qui eurent quelque vogue parmi les siens, mais dont le temps a fait justice complète (1). »

(1) Cité par M. Jacquemot, p. 232.

D'ailleurs, à quoi bon insister? L'étude détaillée de l'histoire de Charlemagne, autour de l'an 800, suffit amplement pour se convaincre non seulement de la fausseté, mais encore de l'impossibilité du fait qui nous occupe.

Charlemagne, en effet, était bien loin d'Argenteuil à l'époque dont il s'agit, et Théodrade bien loin du monastère dont elle devait devenir abbesse après la mort de son auguste père.

Remontons, si nous voulons, trois ans plus haut que l'an 800, date généralement assignée à la légende en question.

Au commencement de l'an 797, le grand empereur quitte Aix-la-Chapelle, sa résidence favorite et habituelle, et parcourt la Saxe depuis le Rhin jusqu'à la mer du Nord, pour recevoir, de nouveau, les serments de fidélité de la nation conquise.

A la fin de l'été, il est de retour à Aix, et va passer l'hiver suivant à Héristall, sur les bords du Weser, où de nouveaux soulèvements des Saxons le retiennent jusqu'à la fin de l'année 798. Il revient encore à Aix, qu'il ne quitte dans le courant de 799, que pour venir recevoir, à Paderborn, le pape saint Léon III, chassé de Rome par une révolution. Suivant son habitude, il revient hiverner à Aix-la-Chapelle. Puis, au commencement de l'an 800, il parcourt toutes les côtes de la Gaule septentrionale, depuis l'île de Batavie jusqu'à Rouen, afin de préserver l'embouchure des fleuves de l'invasion menaçante des pirates normands. De Rouen, il va à Tours, prier sur le tombeau de saint Martin.

C'est là qu'il perd sa dernière femme, Luitgarde ; et, après ses funérailles, il revient à Aix qu'il quitte au commencement d'août pour aller tenir, à Mayence, un plaid général. De là, il se rend à Rome en passant par la Germanie méridionale. Il y est couronné empereur le 25 décembre, par le souverain pontife.

De retour en Austrasie, il y séjourne constamment de 801 à 803 ; et ce n'est que pendant l'hiver de 804 qu'il revient en Gaule pour recevoir à Reims la seconde visite du pape et l'emmener ensuite à Aix-la-Chapelle.

Charlemagne n'aurait pu passer à Argenteuil que vers le milieu de l'an 800, lorsqu'il se rendait de Rouen à Tours. Mais il ne paraît guère vraisemblable qu'il ait promené pendant plusieurs mois, sa relique sur les bords de la mer du Nord et de la Manche, pour venir enfin la déposer à Argenteuil, en allant de Rouen à Tours. En tous cas, la date de son passage à Argenteuil ne serait pas celle du 12 août, qu'on a gravée sur la nouvelle châsse, puisqu'à cette époque il est sûrement à Mayence. D'ailleurs, il est inadmissible que son fidèle témoin et biographe, Éginhard, qui a raconté tout ce voyage en détail, ait pu omettre un fait d'une telle importance.

Quant à Théodrade, elle a seize ans à peine en l'an 800, et dès cette époque, les historiens du temps nous la représentent passant et séjournant partout à côté de son illustre père et ne ressemblant en rien à une abbesse de monastère. Elle assiste, au mois de juin, à Tours, aux obsèques de sa belle-mère Luitgarde. On la retrouve auprès de Charlemagne dans la basilique des saints Apôtres, au moment où il reçoit des mains pontificales la couronne impériale, puis à Aix-la-Chapelle, constamment de 801 à 803. Elle brille au premier rang dans les fêtes les plus mondaines. Un poème du temps nous la montre se disposant à prendre part à une grande chasse. Elle est étincelante de pierreries, sa chevelure flotte au vent; elle a chaussé le cothurne de Sophocle et caracole sur un cheval fougueux, impatiente de courir à la forêt à la poursuite du cerf ou du sanglier (1).

Éginhard rapporte en propres termes, et il en a été témoin « que Charlemagne garda, jusqu'à sa mort, ses filles auprès de lui, ne pouvant se passer de leur compagnie (2) ».

Donc il est impossible que du vivant de son père, Théodrade ait été abbesse du monastère d'Argenteuil; impossible par conséquent que, comme telle, elle ait reçu de lui vers l'an 800, un douzième jour d'août, la Tunique sans couture de Notre-Seigneur Jésus-Christ.

Légende aussi ridicule qu'invraisemblable et impossible : car, si vous voulez savoir d'où vint à Charlemagne cette relique insigne, vous entendrez les

(1) Poema de Carolo Magno. *Recueil des historiens de France*, t. V, p. 392. « Acri fertur equo Caroli pia filia regis, in nemus ire parat, sacrata palatia linquens. » Ce que M. Jacquemot traduit ainsi : « La pieuse fille du roi Charles se prépare à fuir dans la solitude, laissant l'auguste palais de son père ». Il insinue évidemment au lecteur qu'il s'agit de l'entrée de Théodrade au monastère, alors qu'il est convaincu du contraire par le texte latin, qu'il se garde de publier.

(2) *Vita Caroli*, § 19.

réponses les plus singulières et les plus contradictoires.

C'est l'opinion générale des historiens qu'elle lui fut envoyée de Constantinople par l'impératrice Irène ; et le naïf Dom Wyard ne dissimule pas à ses lecteurs quel était à ses yeux le but caché de ce don extraordinaire : « Elle aspirait alors au lit nuptial du grand empereur (1). »

Mais voici une nouvelle prose de l'an 1505, commune aux diocèses de Paris et de Chartres qui d'accord avec Dupréau (2) nous raconte que Charlemagne l'arracha aux infidèles dans une croisade imaginaire à laquelle on crut durant tout le moyen âge et qu'il la rapporta de Jérusalem (3).

Et maintenant, si vous voulez savoir ce qu'on en pensa pendant longtemps au monastère d'Argenteuil, la *Gallia christiana* peut vous l'apprendre. Elle vous dira que ce fut bien Charlemagne qui en dota le monastère d'Argenteuil ; mais ce fut de Rome, et non de Jérusalem ou de Constantinople qu'elle fut apportée sur les bords de la Seine : « Caroli Magni anniversarium singulis olim mensibus eo in loco ob eidem prœstita beneficia, ac imprimis ob sacram tunicam inconsutilem Domini nostri Jesu Christi, et corpus sanctæ Christinæ Româ allata quibus eum ditavit,

(1) *Histoire de la Sainte Tunique d'Argenteuil*, par D. Wyard, publiée par l'abbé Vanel, p. 134.

(2) *Histoire de l'état et succès de l'Église*, p. 139.

(3) « Quam ab oris Gentilium imperator fidelium Carolus extraxit ». (Strophe IX.)

celebratum fuisse legimus in veteri martyrologio domestico (1). »

Invraisemblance, impossibilité, contradiction, tels sont les caractères indéniables de la légende gravée pompeusement sur la nouvelle châsse qui contient la relique d'Argenteuil.

(1) *Gallia christiana*, t. VIII, p. 507.

§ 2.

LA CHARTE D'HUGUES

Il est donc inadmissible que cette relique remonte à Charlemagne. A quelle date peut-on fixer son apparition à Argenteuil?

Le premier et le plus ancien document qui en parle est ce qu'on appelle communément la charte d'Hugues, datée de l'an 1156, que M. Jacquemot nomme la pierre angulaire de la tradition d'Argenteuil. C'est pourquoi, si nous démolissons cette pierre, l'édifice tout entier tombera de lui-même en ruines.

Mais avant de discuter ce document, il est bon que le lecteur l'ait tout entier sous les yeux et voie en lettres plus grosses que d'ordinaire les principaux passages compromettants.

Voici donc la teneur du texte original avec la traduction en regard :

Universis catholicæ Ecclesiæ patribus reverendiss. H. Rothomagensis ecclesiæ HUMILIS SACERDOS, salutem et gratiam divinæ propitiationis.	A tous les révérendissimes Pères de l'Église catholique, H. HUMBLE PRÊTRE de l'Eglise de Rouen, salut et grâce de la divine propitiation.
Ad omnium volumus notitiam pervenire quod nos pietatis instinctu apud Argen-	Nous voulons qu'il parvienne à la connaissance de tous, que nous étant rendu à Argenteuil,

toilum convenientes, adjunctis humilitati nostræ multis authenticis et reverendiss, personis arch. Senonensi, Theob. Par. Roberto Carnotensi, Aurelianensi, Trecensi, Antisiod., Cathalaunensi, Ebroacensi, Meldensi, Silvanectensi episcopis, sanctis abbatibus quoque venerabili Od. abbate S. Dionysii, T. S. Germani, God. Latiniocensi, Ferrariensi, Fossatensi, sancti Pharaonis, sancti Maximini, sancti Maglorii, Pontisiarensi, Mauriniacensi, aliis etiam quam pluribus; CAPPAM pueri Domini Jesu, quæ in ejusdem thesauris ecclesiæ a temporibus antiquis honore condiguo reposita erat: ad fidelium salutem humiliter inspeximus, et palam eduximus, et veneratione solemni debitam ejus magnificentiæ reverentiam exhibentes, illam desiderio et devotioni populorum studio pietatis obtulimus.

Aderat ibidem supereminens et sublimis præsentia illustris regis Francorum Ludovici, cum proceribus et optimatibus palatinæ dignitatis maximâ consistante frequentia vulgi.

Ob insigne igitur gratiæ cœlestis; illud videlicet indumentum quo sese humanata induere sapientia dignita fuit; et ob sanctissimam præscriptorum patrum præsentiam;

poussé par un instinct de piété supérieure, beaucoup de personnes non suspectes et très vénérables s'étant jointes à nous : l'archevêque de Sens, Thibaut évêque de Paris, Robert, évêque de Chartres, les évêques d'Orléans, de Troyes, d'Auxerre, de Châlons, d'Evreux, de Meaux, de Senlis: de saints abbés aussi, savoir : le vénérable Odon, de Saint-Denis, Thibaut de Saint-Germain, God, de Lagny, les abbés de Ferrières, de Saint-Maur-les-Fossés. de Saint-Pharaon, de Saint-Maximin, de Saint-Magloire, de Pontoise, de Morigny, et d'autres en grand nombre ; nous avons examiné humblement et tiré dehors publiquement pour le salut des fidèles, la CAPE du Seigneur Jésus enfant, qui avait été placée avec les honneurs convenables, dès les temps anciens, dans les trésors de ladite église; et rendant par une vénération solennelle le respect dû à sa magnificence, nous l'avons exposée, par un motif de piété, au désir et à la dévotion des peuples.

Il y avait là la présence suréminente et sublime de Louis l'illustre roi des Francs, ainsi que l'élite des officiers du palais et une grande affluence de peuple.

A cause donc de cette preuve de la faveur céleste, à savoir ce vêtement dont la sagesse divine humanisée a daigné se revêtir; à cause aussi de la très sainte présence des pères

Deo propitio salubri dispositione decretum est ut omnibus ibidem venientibus supernæ miserationis gratiam poscentibus merces et fructus suæ devotionis in indulgentiâ veniæ compensatur.

susdits, il a été décrété par une salutaire disposition, Dieu étant propice, que tous ceux qui viendraient ici implorer la grâce de la miséricorde céleste, obtiendraient l'indulgence du pardon comme récompense et fruit de leur dévotion.

Quicumque igitur HOC PRÆSENTI ANNO in loco prænominato in honorem dominicæ vestis propriam servitutem et devotionem obtulerint, nos omnibus illis de clementiæ cœlestis plenitudine confisi, si peccatis gravibus et maximis impliciti fuerint, unius anni pœnitentiam relaxamus.

Donc tous ceux qui, DURANT CETTE ANNÉE PRÉSENTE offriront dans le lieu susnommé leur service et dévotion en honneur du vêtement du Seigneur, mettant de notre côté notre confiance en la plénitude de la clémence céleste, s'ils sont liés par de graves et très grands péchés, nous leur faisons grâce d'un an de pénitence.

Qui verò levibus, id est venialibus detinentur, medietatem pœnitentiæ remittimus, oblita peccata modo simili condonamus.

Quant à ceux qui n'ont commis que des fautes légères, c'est-à-dire vénielles, nous leur remettons la moitié de la pénitence ainsi que les péchés oubliés.

Annis vero singulis a festivitate sanctissimi Dionysii usque ad octavas ejusdem loci ipsius et sacratissimæ vestis venerationem pie invisentibus : XL dies suæ pœnitentiæ remittimus et indulgemus.

Chaque année, depuis la fête du grand saint Denys, jusqu'à l'octave, nous remettons par indulgence quarante jours de pénitence à ceux qui visiteront la vénération de ce lieu et du très saint vêtement.

De parvulis qui baptizati vel sine baptismi remedio infra VII annos per negligentiam parentum mortui sunt, totam pœnitentiam parentibus eorum remittimus, exceptâ feriâ VI in hebdomadâ, in quâ etiam die si ad ecclesiam pœnitens perrexerit, qualem ei caritatem presbyter dederit talem habeat. Si vere infirmus fuerit aut mulier prægnans vel de-

Pour ce qui est des enfants baptisés ou morts sans baptême au-dessous de l'âge de sept ans, par la négligence des parents, nous remettons à leurs parents toute leur pénitence, excepté le sixième jour de la semaine auquel jour même, si le pénitent se rend à l'église, il recevra la preuve de charité que le prêtre lui donnera. S'il est infirme, ou

bilis quæ jejunare non possit; dicat septies Pater Noster et opere pio bonum exerceat quod potuerit.

Omnibus autem hæc et quæ justa sunt conservantibus, sit pax et salus Domini Nostri Jesu Christ.

Actum est anno Verbi Incarnati M° C° LVI FELICIS MEMORIÆ Adriano Papa IIII° feliciter.

s'il s'agit d'une femme enceinte ou débile qui ne puisse jeuner; qu'il dise sept fois *Pater Noster* et qu'il pratique en œuvre pie tout le bien qu'il pourra.

A tous ceux qui conserveront ces choses ainsi que ce qui est juste, nous souhaitons la paix et le salut de Notre-Seigneur Jésus-Christ.

Fait l'an du Verbe incarné 1156, le pape Adrien IV D'HEUREUSE MÉMOIRE régnant heureusement.

Nous n'aurons pas de peine à convaincre le lecteur que ce document est dénué de toute valeur parce que :

1° *Cette charte n'est pas signée.*

M. Jacquemot s'est bien gardé d'en faire la remarque à ses lecteurs, et cependant c'est là un point capital. Si cette charte est vraiment l'œuvre d'Hugues, archevêque de Rouen, de quel droit veut-il être cru puisqu'il omet de signer son récit?

Et cette première omission capitale ne rend-elle pas déjà son témoignage singulièrement suspect ?

2° *L'auteur ne s'y nomme pas.*

Non seulement l'auteur de la charte ne signe pas, mais il ne se nomme pas davantage. Il est désigné par la lettre majuscule H suivie de la qualification « Rothomagensis Ecclesiæ humillimus sacerdos », ce qui n'est vraiment pas suffisant pour convaincre le lecteur qu'il se trouve en présence d'un archevêque de Rouen, du nom d'Hugues, délégué pour la circonstance par le souverain pontife et accordant en son nom des indulgences et des absolutions.

Il y a dans l'assemblée plusieurs archevêques et évêques, entre autres le métropolitain et l'ordinaire du lieu; et c'est un étranger, un humble prêtre de l'Église de Rouen, qui ne dit même pas son nom, qui préside une telle cérémonie? Voilà ce qui devait être sinon pour les assistants, du moins pour les pèlerins des générations suivantes, la plus inexplicable énigme.

Sans doute, Hugues prit en plusieurs circonstances et particulièrement à la translation du corps de saint Gauthier, de Pontoise, ce modeste titre d' « humillimus sacerdos » ; M. Jacquemot a soin de le faire remarquer à ses lecteurs. Mais ce qu'il omet d'ajouter, c'est que jamais l'archevêque de Rouen n'oubliait d'écrire son nom en toutes lettres et de le faire suivre en pareil cas des mots « apostolicæ sedis legatus », titre qu'il déclare chaque fois qu'il se trouve hors de son diocèse (1).

Déjà Thiers (1636-1703) dans son *Traité des superstitions*, n'avait point dissimulé sa défiance au sujet de l'authenticité de la relique en présence de cette première difficulté. M. Jacquemot n'hésite pas à le prendre à partie : « Comment peut-il oublier, dit-il, que *sacerdos* dans la bonne latinité s'applique aux

(1) Migne, t. XCII, coll. 1131-1136.

prêtres du premier ordre, de préférence à ceux du second, alors surtout que dans d'autres chartes que nulle suspicion n'a atteintes, Hugues prend la même qualité ? (1) »

Qu'entend M. Jacquemot par « bonne latinité » ? Est-ce le latin de Cicéron ou bien celui de la liturgie catholique ? Dans l'une et l'autre langues (nous sommes étonné qu'il l'ignore), il y a un mot spécial pour désigner les prêtres du premier ordre, c'est-à-dire les évêques, c'est celui de *pontifex*. Le mot *sacerdos* peut s'appliquer en général au ministre de Dieu, qu'il soit prélat ou simple prêtre ; il peut même signifier « prêtre du second ordre » par opposition au mot *pontifex* affecté spécialement aux évêques ; mais jamais, dans le langage ecclésiastique, personne n'a songé à désigner par ce mot seul un évêque ou un archevêque.

3° *La charte d'Hugues ne parle pas de la Tunique de Notre-Seigneur.*

Voilà donc un document dont on prétend faire une pierre angulaire, c'est-à-dire le fondement d'une thèse inébranlable, qui n'est pas signé et dont l'auteur ne déclarant ni son nom, ni ses titres, veut garder évidemment le plus strict anonymat. C'en est assez déjà pour le rendre très suspect !

Mais que pensera le lecteur lorsqu'il va voir que ce

(1) *Loc. cit.* p. 41.

document n'a aucun rapport avec la relique actuelle d'Argenteuil, et que la charte d'Hugues, de concert avec les chroniqueurs anglais de la même époque, parle d'une *cappa pueri Jesu*, c'est-à-dire d'un manteau de l'enfant Jésus, alors que la relique est une espèce de tunique, c'est-à-dire un vêtement tout différent?

La difficulté, on le voit, est capitale, car s'il s'agit dans cette fameuse charte de toute autre chose que du vêtement conservé actuellement dans l'église d'Argenteuil, ce document n'a rien à voir dans la question; et la « pierre angulaire » se brisant, tout l'édifice tombe en ruines.

Cela n'a pas échappé à M. Jacquemot, pas plus qu'aux historiens précédents; aussi, ne craint-il pas, pour sauver sa relique d'une ruine certaine, d'affirmer qu'un manteau et une tunique sont deux vêtements identiques!

Voici textuellement son explication : « Dans la latinité du moyen âge, la *cappa* était une sorte de vêtement commun aux hommes et aux femmes, aux clercs et aux laïques, se rapprochant de ce qu'était autrefois la *caracalla*. Or, la *caracalla* était un vêtement en forme de cilice, qui descendait jusqu'aux talons, etc. La *cappa* désignait donc souvent un vêtement long et assez étroit, ce qui est le cas de la relique d'Argenteuil (1). »

Et il a la complaisance de renvoyer le lecteur à du Cange pour plus amples renseignements.

(1) *Loc. cit.*, p. 184.

Devant cette singulière explication, nous nous sommes empressé de suivre son conseil. Nous avons consulté du Cange et nous avons constaté qu'il dit juste le contraire de ce que lui attribue M. Jacquemot. Il est vrai qu'il est l'unique auteur qui fasse de la *cappa* une sorte de tunique; mais sa tunique ne ressemble en rien à celle d'Argenteuil. « La *cappa*, dit M. Jacquemot, était un vêtement long et assez étroit : » et du Cange dit : « La *cappa* était une espèce de tunique assez large et tombant jusqu'aux talons » ; plus long par conséquent que celle d'Argenteuil qui ne va que jusqu'aux genoux. « La relique d'Argenteuil, dit encore M. Jacquemot, — et c'est la conclusion de son livre, — est le vêtement de dessous que porta Notre-Seigneur en montant « au Calvaire » (1): et voici du Cange qui affirme au contraire que la *cappa* se portait comme un manteau par-dessus les autres vêtements : « Cappa quæ cæteris vestibus superaddebatur pallii instar (2). »

Il suffit d'ailleurs pour se convaincre que la *cappa* n'était pas autre chose qu'une sorte de manteau recouvrant les autres habits, de consulter tous ceux (peintres ou écrivains) qui nous ont laissé du moyen âge une description au pinceau ou à la plume de ce qu'était la *cappa* à cette époque. Tous en font un vêtement de dessus qui n'a rien de commun avec la tunique à deux manches comme celle d'Argenteuil,

(1) *Loc. cit.*, p. 206.
(2) *La Sainte Robe de Trèves et la relique d'Argenteuil*, par C. Willems, p. 90.

qui s'attache tantôt sur la poitrine, tantôt sur l'épaule, et qui par sa forme aussi bien que par son nom est l'origine même de la « chape » en usage depuis cette époque dans les cérémonies religieuses (1).

4° *L'auteur de la charte est un imposteur.*

Il s'agit donc dans la charte de Hugues d'un vêtement tout différent de celui que prétend posséder actuellement l'église d'Argenteuil. L'auteur n'a ni signé, ni donné son nom : c'en est assez, ce semble, pour ruiner de fond en comble la thèse de l'authenticité de cette relique, et nous pourrions nous en tenir là.

Mais voici une quatrième remarque qui achève de révéler l'imposture du rédacteur de cet étrange document. Il s'agit de la phrase qui le termine. Que le lecteur prenne la peine de la relire attentivement.

« Actum est anno Verbi Incarnati MCLVI, felicis memoriæ Adriano papa IV feliciter ». « Fait, l'an du Verbe incarné 1156, le pape Adrien IV D'HEUREUSE MÉMOIRE, régnant heureusement. »

Si le lecteur se souvient de la teneur générale du document, il a dû comprendre que l'auteur a l'air de le rédiger probablement aussitôt après la cérémonie, à coup sûr pas plus tard que dans le courant de l'année même : « Quicumque igitur in hoc præsenti anno, etc. » Après avoir raconté la solennité de l'os-

(1) Voir l'édition de *l'Histoire de Saint-Louis*, par Joinville, publiée par M. N. de Wailly, chez Firmin-Didot.

tension, il parle constamment au présent : « Pœnitentiam relaxamus..... medietatem pœnitentiæ remittimus..... peccata oblita condonamus..... XL dies suæ pœnitentiæ remittimus et indulgemus..... »

Adrien IV occupait alors la chaire de saint Pierre, l'auteur de la charte le déclare : « Adriano papa IV feliciter ». Mais pourquoi ensuite ces deux mots : « felicis memoriæ »? Le rédacteur ne se trahit-il pas par cette dernière expression en découvrant au lecteur que ce qu'il est censé écrire en l'an 1156, il l'a rédigé au moins trois ans et demi plus tard, puisqu'Adrien IV a vécu jusqu'à la fin de 1159?

Cette contradiction n'a pas embarrassé M. Jacquemot plus que tout le reste. Écoutez sa solution.

« Cette contradiction apparente peut s'expliquer par ce fait que le rédacteur de la notice la rédigeait postérieurement à la mort du pape Adrien IV, mais la datait cependant de l'époque de l'événement qui y était relaté. Les documents du moyen âge et particulièrement les notices les plus sincères fournissent de nombreux exemples de dates analogues. Les maîtres de l'école allemande, MM. de Sickel et Ficker ont admis et prouvé que fréquemment les éléments des dates correspondent, les uns à ce qu'ils ont nommé « l'action », les autres à ce qu'ils appellent la « documentation ». Tel paraît être le cas de notre document. L'année 1156 et la mention du pape Adrien IV correspondent au moment de l'action, c'est-à-dire au moment où s'est passé l'événement qui y est relaté; mais le rédacteur ne pouvant s'abstraire de l'époque où il écrivait, a ajouté au nom du pape qui était alors défunt la formule ordinaire : « felicis memoriæ (1) ».

Cette explication pourrait suffire à faire comprendre la dernière phrase de la charte, prise isolément; mais ce qui saute aux yeux, c'est qu'elle est inconciliable avec le corps du document.

Est-il admissible en effet qu'un archevêque qui rédige, quatre ans après l'événement, le procès-verbal d'une cérémonie qu'il a présidée, accorde alors des indulgences à gagner l'année même de l'événement?

Tel est pourtant le cas présent. Nous l'avons vu, Hugues déclare remettre des péchés et des années de pénitence, et accorder des faveurs spirituelles dans le cours de l'année présente — « in hoc præsenti anno »; — or, que faut-il entendre par ces derniers mots? Est-ce l'année où le document aurait été rédigé, selon M. Jacquemot? Mais alors ces indulgences n'ont plus de raison d'être quatre ans au moins après l'événement : Hugues n'a plus qualité pour cela.

S'agit-il au contraire — et c'est le seul cas vraisemblable — de l'époque où il a présidé la cérémonie? Si c'est au moment de quitter Argenteuil qu'au nom du Saint-Siège (ce ne pouvait être en son propre nom puisqu'il était hors de son diocèse) il annonce aux fidèles les faveurs qu'ils pourront gagner en venant dans le cours de l'année adorer la relique, il a donc rédigé sa charte l'année même de l'ostension. Alors comment expliquer ce « felicis memoriæ » autrement

(1) *Loc. cit.*, p. 37

que par cette supercherie qui aurait consisté à faire croire aux lecteurs futurs de sa charte, qu'il l'avait écrite l'année même de l'ostension, en 1156, alors qu'elle ne fut rédigée que plusieurs années plus tard?

La difficulté est trop évidente pour que M. Jacquemot qui a certainement étudié attentivement la charte d'Hugues ne l'ait pas aperçue. Et s'il s'est gardé de la signaler à ses lecteurs sous son vrai jour, c'est, selon toute probabilité, parce qu'il a vu, comme nous venons de le voir nous-mêmes, qu'elle est impossible à résoudre.

Voilà donc un document anonyme où il est question d'une relique toute différente de celle qui existe actuellement à Argenteuil, qui, par un mot irréfléchi, trahit ouvertement l'imposture de l'auteur; nous le demandons à tout homme de bonne foi, un tel document mérite-t-il la moindre créance?

5° *L'ostension annoncée dans la charte est un mensonge.*

Et cependant, il faut encore ajouter qu'indépendamment de ce qui vient d'être dit, ce document condamne par lui-même son auteur, en démontrant que cette histoire de l'ostension de la relique appartient exclusivement au domaine de la fable.

Si cette relique avait réellement la forme d'une tunique, pourquoi lui donner alors le nom de cape ou de manteau? C'est donc que l'auteur de la charte ne l'a pas vue; lui qui présidait la cérémonie, et qui en a fait, soi-disant, l'ostension, c'est qu'en réalité elle n'a pas été déployée; car on savait fort bien à cette époque la grande différence qui existait entre une *cappa* et une *tunica*, différence alors mieux caractérisée encore que celle que nous voyons aujourd'hui entre la *chape* et la *dalmatique*.

De plus, si cette ostension avait réellement eu lieu, à la place de ces obscurités, de ces réticences et de ces contradictions qui distinguent la charte de Hugues, nous aurions une narration claire, précise, complète et signée, telle qu'on est en droit de l'attendre d'un témoin qui a joué dans un événement le rôle principal.

Comment s'expliquer la présence de l'abbé de Saint-Maximin de Trèves, alors qu'à Trèves on est depuis longtemps en possession de la Robe sans couture de Notre-Seigneur (1).

Car personne n'avait encore songé à la simultanéité de deux tuniques inconsutiles, inventée par

(1) Pour le triomphe de sa thèse, M. Jacquemot affirme (p. 54) que « la découverte de la relique de Trèves est postérieure de près d'un demi-siècle à l'invention du vêtement vénéré à Argenteuil, etc. Et cependant il reconnaît qu'il a lu le livre du Dr Willems sur la Sainte Robe de Trèves, publié deux ans avant le sien, dans lequel il est démontré (p. 78 et suiv.) que l'an 1196 est la date de la translation de la relique et non de sa découverte, ce qui suppose qu'alors elle était connue et vénérée depuis longtemps.

Quant à cette nouvelle difficulté, tirée de la présence de l'abbé de Saint-Maximin, de Trèves, à l'ostension de 1156, il l'élude avec sa bonne foi habituelle. Il fait venir cet abbé, non pas de Trèves, mais de Troyes, alors qu'à aucune époque il n'a existé d'abbaye de Saint-Maximin ni à Troyes, ni en tout autre endroit du diocèse.

M. Jacquemot et que l'esprit le plus naïf ne saurait accepter, comme nous le verrons plus loin.

Comment admettre surtout ce silence unanime des contemporains sur un événement d'une telle importance?

Voici, par exemple, l'abbé de Saint-Denis, successeur immédiat de Suger qui assiste à la cérémonie. Depuis quelques années, à l'instigation du grand ministre alors abbé du monastère, on a révisé et repris la rédaction des chroniques de l'abbaye avec un soin tout particulier. On relate les moindres événements de la vie quotidienne de tous les monastères qui dépendent de celui de Saint-Denis. Argenteuil est le plus proche; on a été témoin oculaire de la découverte et de l'ostension de la plus insigne relique qui soit au monde après la croix de Notre-Seigneur, et on passe sous silence un tel événement? Il y a là, évidemment, de quoi provoquer l'incrédulité même d'un enfant.

Qu'on apprécie maintenant la mesure d'instruction et d'intelligence que M. Jacquemot suppose à ceux à qui son livre est destiné par la manière dont il explique le mutisme général qui enveloppe l'événement de l'an 1156 :

« Les chroniqueurs de cette période, dit-il, appartiennent surtout à la Normandie et à l'Angleterre (1). »

Ainsi, selon lui, personne ne parle en France de l'ostension de l'année 1156 parce que les chroniqueurs

(1) *Loc. cit.*, p. 45.

manquent chez nous, et que la Normandie et l'Angleterre en ont alors le monopole.

Cela ne l'a pas empêché d'écrire, quelques pages plus haut : « Dans les abbayes, le travail intellectuel est intense, et les moines sauvent leurs âmes autant par l'étude et la copie des manuscrits que par la prière (1). C'est à cette date du XIIe siècle, alors que l'Ile de France était animée d'un si prodigieux mouvement intellectuel que fut retrouvée la Sainte Relique (2). »

Veut-il entendre par là que le travail dans les monastères se bornait à de serviles copies ou à des études spéculatives, et que la chronique était la spécialité exclusive des Anglais et des Normands?

Mais tous les historiens ecclésiastiques le démentent à l'envi.

Qu'il prenne donc seulement connaissance du portrait d'un moine français du temps, le frère Robert de Saint-Marien, d'Auxerre, envoyé comme type par Guibert de Gemblours à Philippe, archevêque de Cologne : « Le frère Robert de Saint-Marien était fort versé dans les sciences, remarquable par son éloquence, et aucun de ses contemporains ne le surpassait dans *la connaissance de l'histoire* (3). »

C'est à cette époque qu'en France toutes les écoles épiscopales et monastiques se transforment en universités. Les sentiers battus sont abandonnés aussi

(1) *Ibid.*, p. 30.
(2) *Loc. cit.*, p. 32.
(3) Alzog. *Histoire de l'Eglise*, t. II, p. 411.

bien en histoire qu'en philosophie et en théologie. La science commence alors véritablement. Abélard apprend à ses contemporains étonnés, que saint Denis, premier évêque de Paris, n'a rien de commun avec l'Aréopagite. Les chroniques pullulent partout en dehors de l'Angleterre et de la Normandie. Ce sont celle d'Otto de Frisingue continuée par saint Blaise jusqu'en 1209; celle de saint Pantaléon à Cologne, continuée par Godefroy jusqu'en 1273 ; celle d'Allévic à Drübeck (1101 à 1241). C'est l'*Histoire ecclésiastique* de Ptolémée de Lucques, élève de saint Thomas d'Aquin; les *Flores chronicarum* de Bernard Guidoni, mort évêque de Lodève en 1331 ; Vincent de Beauvais, Adam de Brême, Orderic Vital, moine de Saint-Evroult, Jean de Salisbury, devenu évêque de Chartres, Joinville, etc., etc.

Or, personne, ni en France, ni en Allemagne, ni en Italie, pas même en Normandie ou en Angleterre, ne souffle mot de l'événement en question.

Ce silence unanime de tous les historiens de l'époque venant s'ajouter aux réflexions auxquelles la fameuse charte de Hugues a donné lieu, conduit tout esprit de bonne foi à cette inévitable conclusion : l'ostension racontée par la charte d'Hugues n'a certainement pas eu lieu. Et si elle n'a pas eu lieu, c'est que la relique, à une époque où on n'était pourtant pas difficile sous ce rapport, ne présentait aucune marque d'authenticité.

Ce qu'en dit vers cette époque (1180) Robert de Thorigny, abbé du Mont-Saint-Michel, ne pouvait satisfaire même les moins difficiles. « Dans un bourg, près de Paris, au monastère d'Argenteuil, a été trouvé par révélation divine, le manteau (*cappa*) de Notre Sauveur; il est sans couture et de couleur roussâtre, comme l'indiquaient les lettres trouvées avec ce manteau; il avait été fait par la glorieuse Mère du Sauveur alors qu'il était enfant. »

On le voit, il s'agit ici, comme dans la charte de Hugues, d'un manteau et non d'une tunique. D'où vient-il? Qui l'a apporté à Argenteuil! Quelles sont les preuves de son authenticité? Autant de questions qu'on a dû se poser alors, et auxquelles personne n'a pu répondre.

Si cette relique n'avait pas d'autres marques de vérité, c'est qu'elle venait de la même source d'où nous sont arrivés tant de fausses reliques qui inondèrent les églises d'Europe à cette époque, c'est-à-dire de la supercherie des Musulmans, exploitant, avec la plus grande facilité, la piété et la crédulité des croisés, et leur vendant pour reliques véritables de Notre-Seigneur des objets qui n'en avaient que l'apparence.

De là le relâchement qu'on remarque vers ce même temps dans le culte des reliques de Notre-Seigneur (1), et cette défiance qui dut en être la conséquence, et qui eut alors à Argenteuil une si juste raison d'être.

(1) Alzog. *Histoire de l'Eglise*, t. II, p. 220.

6° *L'auteur de la charte, quoique inconnu, pourrait bien être Hugues.*

On peut se demander maintenant si cette charte qui dénote si clairement un imposteur, est bien l'œuvre de Hugues d'Amiens, archevêque de Rouen, à qui on l'attribue généralement.

On est en droit de le supposer sans trop d'invraisemblance.

A cette époque où les rivalités entre les divers ordres religieux furent plus ardentes que jamais, le mensonge était chez les moines la pieuse fraude la plus usitée pour assurer le triomphe d'un monastère sur un autre. « On sait, dit le savant abbé Duchesne, combien de fausses histoires et de donations apocryphes ont été fabriquées dans certains monastères, pour l'honneur et même pour le profit de la congrégation locale (1). »

Hugués d'Amiens, tout archevêque qu'il était, n'en était pas plus incapable qu'un autre. Il appartenait à cette génération de moines français qui passèrent en Angleterre après la conquête des Normands, attirés par l'offre de grasses abbayes et la perspective prochaine des plus hautes dignités ecclésiastiques.

« Parmi tous ces nouveaux pasteurs, dit Edmer, en parlant des contemporains de Hugues, la plupart furent plutôt loups que pasteurs (2). »

(1) *Les origines chrétiennes*, p. 419.

(2) *Histoire de la conquête de l'Angleterre*, par A. Thierry, t. Ier, l. VII, p. 289.

Les moines de Cluny se faisaient particulièrement remarquer par leur ambition et leur rapacité (1).

Hugues d'Amiens, sans aller jusque-là, ne passait point cependant pour un amateur scrupuleux de la franchise et de la vérité, s'il faut en croire saint Bernard (2).

Voilà pourquoi il n'est pas impossible que l'archevêque de Rouen ait rédigé sous le couvert de l'anonymat cet étrange document, dans l'intérêt et pour la gloire d'un monastère appartenant comme lui à la grande famille de Cluny. La crainte de se compromettre explique suffisamment toutes les réticences et les hésitations de la rédaction.

Mais ce n'est là, nous le répétons, qu'une simple hypothèse, vraisemblable assurément, mais que le lecteur peut admettre ou laisser de côté, selon son gré.

En définitive, que ce soit Hugues lui-même ou quelque autre moine inconnu qui soit l'auteur de la charte, il n'en reste pas moins démontré qu'elle est un document dénué de toute valeur, et l'événement

(1) *Histoire de la conquête de l'Angleterre*, par A. Thierry, t. Ier, l. VII, p. 289.

(2) Epist. XXV, ann. 1130. Cette lettre contient tout juste le contraire de ce qu'affirme M. Jacquemot. « Saint Bernard écrit à Hugues, dit-il (p. 238) pour le féliciter et le consulter. » La vérité est d'abord qu'il ne le félicite en aucune façon; puisqu'au lieu de le consulter, il lui donne des conseils, ce qui est beaucoup plus vraisemblable; et cela après lui avoir accusé réception de sa lettre, non sans se défier quelque peu de son contenu. « Si non dissimulas... »

qu'elle raconte, une pure fiction. C'en est assez pour être fixé dès maintenant sur ce qu'il faut penser de ce qui est raconté jusqu'au XIIe siècle, sur la relique d'Argenteuil.

§ 3.

APPARITION DU CULTE DE LA RELIQUE

Et maintenant, que vont nous apprendre les siècles suivants de cette relique d'origine inconnue, et qui apparaît à Argenteuil vers l'an 1156?

M. Jacquemot nous fait sourire lorsqu'il prétend fonder une tradition historique avec le témoignage des chroniqueurs anglais du moyen âge. Évidemment plusieurs d'entre eux parlent de la relique d'Argenteuil. Après Robert de Thorigny dont nous avons rapporté plus haut le témoignage, c'est Raoul de Dicet, puis Roger de Wendover qui près d'un siècle après la fameuse ostension (1240), parle ainsi que Mathieu de Paris (1259), non plus d'une *cappa*, mais d'une *tunica*. Ils ont sans doute appris que la relique en question est une tunique, et non un manteau, et corrigent ainsi l'erreur de Hugues et de son ami Robert. Puis elle est appelée tour à tour, tantôt *cappa*, tantôt *tunica*, jusqu'à ce que finisse avec Froissart (1) vers la fin du XIVe siècle, la série exclusive des témoignages anglais.

(1) Tout le monde sait que Froissart, quoique né en France, fut le protégé des rois d'Angleterre, et qu'il passa la plus grande partie de sa vie à leur service.

Mais il suffit de comparer un instant ces témoignages pour se convaincre qu'ils n'ont aucune valeur individuelle, étant tous, sans exception, la copie textuelle ou abrégée de celui de Robert de Thorigny. Quant à ce dernier qui représente et contient tous les autres, voici le jugement que porte sur lui, Migne son éditeur : « Dans sa chronologie, il ne s'est pas assez mis en garde contre l'erreur, en racontant les événements de son temps, même ceux qui se sont passés en sa présence et comme sous sa dictée (1). »

En France, dans la patrie de la fameuse relique, pendant plus de trois siècles, le silence est unanime.

Mais M. Jacquemot n'est pas homme à s'effrayer d'une pareille lacune; et si les faits lui manquent pour la combler, il prendra des hypothèses et essaiera de les faire passer pour des réalités aux yeux de ses lecteurs dont il suppose l'ignorance et la crédulité sans limites.

C'est ainsi qu'il appelle à son secours saint Louis, les archevêques de Sens et les évêques de Paris du XIIIe SIÈCLE. « Ils sont venus à Argenteuil, dit-il en substance : donc ils y ont vénéré la tunique de Notre Seigneur; donc à partir de l'ostension de 1156, elle est regardée comme authentique et entourée de la vénération des princes de l'Église et des grands de la terre! »

Il est possible que saint Louis soit venu à Argen-

(1) In chronologiâ,. neque in iis quæ suis temporibus gesta sunt, imò quæ inter scribendum et quasi ipso præsente evenerunt, ab erroribus satis sibi cavet. (Migne. *Col.* 43-414.)

teuil ainsi que plusieurs archevêques de Sens et plusieurs évêques de Paris, mais qui donc mentionne leur pèlerinage à la fameuse tunique? Personne assurément. Saint Louis est venu à Argenteuil parce qu'il aimait à visiter les monastères de son royaume et que celui d'Argenteuil était à la porte de sa capitale. Les archevêques de Sens et les évêques de Paris y sont venus aussi parce qu'Argenteuil dépendait de leur juridiction, et que le monastère lui-même n'y échappa jamais totalement (1).

Mais si l'objet de leur voyage eût été la fameuse relique, les historiens n'auraient pas manqué de le mentionner; et c'est précisément parce qu'ils n'en disent mot, qu'on est obligé de reconnaître qu'il existe un silence ininterrompu de plus de trois siècles, à partir de la date de 1156 attribuée par la charte de Hugues à la fabuleuse ostension dont il vient d'être question.

On se demande même en face d'un pareil silence, si unanime en France, s'il y avait réellement alors une relique à Argenteuil, et si Hugues (étant donné qu'il soit l'auteur de la charte) n'a pas menti aussi bien sur le fait de l'existence de la relique que sur celui de l'ostension, et s'il n'a point, conséquemment, induit en erreur l'abbé du Mont-Saint-Michel son ami? on serait à la rigueur autorisé à le croire. En tous cas, ce qui ressort avec la dernière évidence de ce silence trois fois séculaire, c'est que la fameuse

(1) Voir Thomassin, 1re partie, l. III, ch. XXXVII.

tunique n'était l'objet d'aucun culte, et, par conséquent était dépourvue de tout caractère d'authenticité; et ce silence postérieur des écrivains français est aussi écrasant pour l'histoire de l'ostension de 1156 que celui des contemporains.

Le premier témoignage français véritablement authentique est daté de l'an 1486. En cette année, dit une pièce trouvée aux archives de Seine-et-Oise, Jean de Frodonaz, prieur de l'église, recommande à messire Jean, prêtre de ladite église, de tenir une lampe constamment allumée devant la Sainte Robe.

Evidemment la relique a changé d'aspect. Au lieu de l'indifférence universelle, voici qu'elle est déjà l'objet d'un respect particulier, qui va bientôt se transformer en un culte général et public, comme l'atteste la procession solennelle qui eut lieu en l'an 1529.

Quand et comment un tel changement s'est-il opéré? Quelle cause extraordinaire a pu créer tout à coup un véritable culte pour un objet tellement dédaigné en France jusque-là, qu'on n'en parlait même pas? Aucun document ne répond à cette question. C'est d'ailleurs le propre des légendes d'être enveloppées à leur origine dans la plus noire obscurité.

Nous allons néanmoins exposer les faits qui ont précédé l'apparition historique du culte de cette relique, et le lecteur conclura.

On n'a pas oublié que les chroniqueurs anglais, tout en copiant servilement le premier d'entre eux,

Robert de Thorigny, mentionnent toutefois, pendant près de deux siècles et demi, l'existence d'une relique de Notre-Seigneur à Argenteuil. Puis à la fin du XIVe SIÈCLE, leurs témoignages cessent tout à coup. La guerre de Cent ans éclate ; les Anglais envahissent l'Ile-de-France, s'emparent d'Argenteuil en même temps que de Paris et y séjournent jusqu'en 1436.

Puis, quand la guerre est finie, quand le dernier Anglais a disparu du sol de la France, cette relique dont leurs chroniqueurs avaient signalé l'existence pendant près de trois siècles, apparaît tout à coup entourée d'un religieux respect et d'un culte public.

Le XVIe siècle naît, et en même temps les processions et les pèlerinages s'organisent. La légende de Charlemagne vient d'être créée, car on commence seulement à sonner la cloche, chaque jour, à une heure de l'après-midi. Alors apparaissent les premiers historiens : Prateolus, du Tillet, de Favin, de Gaumont, qui rattachent la tunique d'Argenteuil à celle dont parlent Grégoire de Tours et Frédégaire. C'est l'époque (1505) de la composition de la messe *De tunicâ inconsutili* (1). C'est le moment, en un mot, où apparaissent tout à coup et comme à la fois, tous les éléments indispensables pour donner à la légende les apparences de l'histoire et à la superstition l'air de la vérité et de la religion.

Tels sont les faits. La conclusion qui en découle aux yeux de tout esprit impartial et désintéressé dans

(1) D. Wyard, p. 235.

la question, c'est que le culte de la relique d'Argenteuil est né pendant la guerre de Cent ans, et que, selon toute vraisemblance, c'est aux Anglais qu'il faut, soit directement, soit indirectement, en attribuer l'origine.

SECONDE PARTIE

Examen de la relique.

La relique d'Argenteuil est donc dénuée de toute preuve d'authenticité.

La légende de Charlemagne non seulement ne repose sur rien, car l'usage de sonner la cloche sur lequel on l'appuie ne remonte pas au delà du XVIe siècle; mais cette légende n'est pas même vraisemblable. Il est, en effet, démontré par l'histoire, qu'à la date du 12 août, l'an 800 comme les quatre années qui précèdent ou qui suivent, Charlemagne est partout ailleurs qu'à Argenteuil; et que, de plus, Théodrade n'est entrée en religion qu'après la mort de son père.

En outre, la charte de Hugues qui annonce une ostension de cette relique en 1156, ne mérite aucune créance, puisque Hugues ne l'a pas signée et ne s'y nomme pas, puisqu'elle a rapport à un vêtement tout différent de la relique actuelle; puisque l'ostension qu'il raconte n'a vraisemblablement pas eu lieu.

Le culte de la relique d'Argenteuil n'apparaît pas avant la fin du XVe siècle, et tout porte à croire qu'il est d'origine et d'invention anglaises.

Une telle dévotion peut, avec ses 400 ans d'existence, s'imposer à la foi populaire; mais jamais un esprit cultivé et réfléchi ne croira à l'authenticité de son objet en face d'une lacune de quinze siècles, qu'une légende gratuite et une charte apocryphe sont insuffisantes à combler.

Mais nous avons promis au lecteur d'aller plus loin. Nous voulons non seulement qu'il soit convaincu de la fausseté évidente de cette relique, mais lui persuader encore qu'il est IMPOSSIBLE, surtout après ce qu'en a dit M. Jacquemot, que cette relique soit authentique.

L'hypothèse de son authenticité, si complètement ruinée par les considérations précédentes, vient, de plus, se briser inévitablement contre trois impossibilités principales.

§ 1er.

IL N'EST RESTÉ QU'UNE SEULE TUNIQUE DE NOTRE-SEIGNEUR ; SI ELLE EST A TRÈVES, IL EST IMPOSSIBLE QU'ELLE SOIT A ARGENTEUIL

La première impossibilité, c'est qu'il existe simultanément, comme l'affirme M. Jacquemot, deux tuniques sans couture de Notre-Seigneur.

Tout le monde sait que de temps immémorial, et avec beaucoup plus d'autorité et de succès qu'Argenteuil, Trèves revendique l'insigne honneur de posséder la Robe inconsutile de Notre-Seigneur Jésus-Christ. Tous les efforts déployés jusqu'ici par les historiens de la relique d'Argenteuil, n'avaient d'autre but que de disputer à la ville allemande cet incomparable privilège.

Un livre publié dans ces derniers temps par le Dr Willems, secrétaire particulier de Mgr Korum, évêque de Trèves (1), démontra l'authenticité de la relique que possède cette Église par des preuves tellement supérieures à celles qu'on invoque à Argen-

(1) *La Sainte Robe de Notre-Seigneur à Trèves*, par le Dr C. Willems. Trèves, Dasbach et Keil, 1891.

teuil et que le lecteur a déjà jugées, que la relique française ne pouvait plus tenir debout, qu'à la condition d'en faire toute autre chose que la Tunique de Notre-Seigneur Jésus-Christ.

Le Dr Willems, dans une brochure particulière, le fit sentir d'une manière assez cuisante, à un prêtre du diocèse de Versailles, M. l'abbé Chevalier, qui s'était avisé de lui répondre par un opuscule où les invectives tenaient lieu de science et de logique.

On se garda bien de souffler mot de cette verte leçon dans l'entourage de Mgr de Versailles, où seulement elle fut connue.

Mais comment alors sauver la Tunique inconsutile d'Argenteuil?

Au milieu de la stupeur générale, un prêtre se présenta, le lecteur a déjà fait ample connaissance avec lui : c'est M. l'abbé Jacquemot. Une idée géniale à laquelle personne n'avait songé jusque-là, venait d'éclore dans son cerveau : Pourquoi ne pas admettre deux tuniques de Notre-Seigneur également authentiques? Ne serait-ce pas le moyen le plus expéditif de mettre fin, sans capitulation ni péril pour l'église d'Argenteuil, à cette querelle d'Allemand, et d'échapper désormais aux verges du Dr Willems (1)?

(1) Cet espoir devait être cruellement déçu; car au moment où nous terminons cette étude, il vient d'arriver à notre connaissance un nouvel ouvrage du Dr Willems, dans lequel il étale au grand jour, l'ignorance, les contradictions et la mauvaise foi du livre de M. Jacquemot. *La Sainte Robe de Trèves et la relique d'Argenteuil.* Paris, Lamulle et Poisson, 1894.

Mgr Goux approuva, et le chef-d'œuvre de M. Jacquemot fut édifié sur ce nouveau fondement.

Il dut, pour réaliser ce projet, escompter une fameuse dose d'ignorance chez les partisans de la relique d'Argenteuil. Cette fois, son audace ne dépassa pas les bornes permises. On accepta son livre sans mot dire, du moins publiquement; et personne ne songea à protester dans n'importe quel écrit ou quelle feuille publique contre cette monstrueuse affirmation de deux tuniques de Notre-Seigneur existant simultanément à Trèves et à Argenteuil.

Nous disons « monstrueuse », car une telle assertion n'est rien moins que contraire à la Sainte-Écriture et par conséquent entachée d'hérésie.

Voici, en effet, ce que rapporte, sur le sujet qui nous occupe, l'Évangéliste saint Jean :

« Lorsque les soldats eurent crucifié Notre-Seigneur ils prirent ses vêtements (qu'ils divisèrent en quatre parts, une pour chaque soldat), puis la tunique. Or, la tunique était sans couture et d'un seul tissu depuis le haut jusqu'en bas. Et ils se dirent les uns aux autres : Ne la déchirons pas, mais tirons-la au sort pour savoir à qui elle appartiendra. Afin que s'accomplît la parole de l'Écriture : Ils se sont partagé mes vêtements, et ils ont tiré ma robe au sort. Et les soldats firent exactement cela (1). »

(1) « Milites ergo, quum crucifixissent eum, acceperunt vestimenta ejus (et fecerunt quatuor partes, unicuique militi partem) et tunicam. Erat autem tunica inconsutilis, desuper contexta per totum. Dixerunt ergo ad invicem : Non scindamus

Si le lecteur a lu attentivement cette citation, il a dû voir, sans grand effort, que les vêtements du Sauveur, à l'exception de sa tunique inconsûtile ont été divisés au pied de la croix en quatre parts, nombre égal à celui des bourreaux qui venaient de le crucifier. Or, en dehors de sa tunique, Notre-Seigneur ne pouvait avoir plus de deux vêtements, aussi bien pendant sa vie mortelle qu'au moment de sa Passion : son manteau ou *cimba* et sa chemise ou *sadin*. Certains auteurs ne lui en supposent même qu'un seul : son manteau (1). Mais nous nous associons de préférence, comme on le verra plus loin, au sentiment de M. Jacquemot, à savoir que Notre-Seigneur portait, lorsqu'il monta au Calvaire, les trois vêtements en usage en Judée à l'époque où il vivait : sa chemise ou tunique intime, sa tunique extérieure et son manteau.

C'est pourquoi, si les bourreaux ont divisé en quatre parts deux des vêtements du Sauveur, quels qu'ils aient pu être, ils ont assurément déchiré chacun de ces deux vêtements en deux morceaux. Ils le laissent entendre assez clairement, lorsqu'ils disent, d'après saint Jean : « Quant à la Tunique, ne la déchirons pas » ; c'est donc qu'ils ont déchiré les deux autres, sans quoi un partage égal n'eût pas été possible. Ainsi

eam, sed sortiamur de illâ cujus sit. Ut Scriptura impleretur dicens : Partiti sunt vestimenta mea sibi, et in vestem meam miserunt sortem. Et milites quidem hæc fecerunt. » (Saint Jean, ch. XIX, v. 23 et 24.)

(1) R. P. Didon. *Jésus-Christ*, t. II, p. 339. — Dehaut. *L'Evangile médité*, . IV, p. 354.

pensent tous les commentateurs de l'Évangile et M. Jacquemot avec eux. Mais la conclusion qui en découle logiquement et qu'il semble n'avoir pas prévue, c'est que parmi les vêtements de Notre-Seigneur ainsi partagés, il n'a pu en rester qu'un seul intact et indivis; et le nouvel historien de la tunique d'Argenteuil est ainsi en opposition formelle avec l'Évangile, lorsque, reconnaissant l'authenticité de la relique de Trèves comme tunique extérieure de Notre-Seigneur, il affirme également l'authenticité de celle d'Argenteuil comme sa tunique intime ou chemise, en hébreu : *sadin*.

Il eût fallu, pour le triomphe de cette affirmation, que Notre-Seigneur eût possédé plusieurs tuniques extérieures, au moins deux, et qu'au moment de sa Passion il en fût resté une quelque part, celle que possède l'Église de Trèves. Or, cette hypothèse n'est pas moins inadmissible que la précédente. Car, si, à l'époque où vivait Jésus-Christ, certains riches pharisiens s'accordaient, par exception, le luxe de deux tuniques, il n'en était pas de même des disciples du Dieu pauvre et humilié. Il leur avait été formellement défendu de ne jamais posséder deux tuniques (1); et le Maître prêchait d'exemple avant de prêcher de bouche (2).

D'ailleurs, à quoi bon insister sur une difficulté que personne, pas même M. Jacquemot, n'a jamais songé

(1) Qui habet duas tunicas, det non habenti. (Saint Luc, ch. III, v. 11.) Neque duas tunicas habeatis. (*Ibid.*, IX, 3.)

(2) Cœpit Jesus facere et docere. (*Acta*. I, 1.)

à soulever? Ce qu'il affirme, c'est qu'après la mort du Sauveur, il restait de son triste héritage partagé entre les bourreaux, deux vêtements inconsutiles intacts: or, une telle assertion, nous l'avons vu, est formellement contraire à l'Évangile; donc, il n'est resté de Notre-Seigneur qu'un seul vêtement sans couture et indivis, qui puisse être aujourd'hui authentique; et puisque M. Jacquemot reconnaît ce double caractère à la relique de Trèves, il est rigoureusement impossible que celle d'Argenteuil soit vraie.

§ 2.

IL EST IMPOSSIBLE QUE LA TUNIQUE DE NOTRE-SEIGNEUR SOIT UN VÊTEMENT DE DESSOUS

Une seconde impossibilité naît de la nature même du vêtement que M. Jacquemot déclare être son vêtement de dessous. Car, c'est la conclusion qui, selon lui (1), découle des expertises auxquelles ont été soumis à la manufacture des Gobelins, et le tissu de la relique, et les taches de sang dont elle porte l'empreinte.

Mais, s'il en est ainsi, nous ne craignons, d'affirmer, d'abord que ce vêtement ne mérite pas le nom de tunique, dans le sens propre du mot; ensuite qu'il ne peut être conséquemment cette tunique inconsutile, seul vêtement indivis du Sauveur, que les bourreaux tirèrent au sort au pied de la Croix.

L'*Ancien* et le *Nouveau Testament* ne nous ont laissé rien de bien précis — à part ce qui concernait l'habillement des prêtres — sur les vêtements que portèrent les Juifs aux différentes époques de leur histoire. Il est un point néanmoins sur lequel la

(1) *Loc. cit.*, p. 205 et suiv.

plupart des exégètes sont d'accord — et M. Jacquemot pense comme eux — c'est que Notre-Seigneur Jésus-Christ, ainsi que ses apôtres et tous les gens de sa classe et de sa condition, portaient un triple vêtement : 1° le sadin ou chemise, appelée encore subercula et sindo, qui recouvrait immédiatement la chair ; 2° le chetoneth, χιτων en grec, tunica en latin, ou tunique proprement dite ; et 3° le manteau qui différait de forme et de nom, selon qu'il était porté par les hommes, par les femmes ou par les prêtres. Cela ressort avec la dernière évidence de certains textes de l'Évangile : Luc, XVI, 19 ; — Jean, XIII, 4 ; — et en particulier de celui-ci de saint Jean :

« Simon Petrus, cùm audisset quia Dominus est, tunica succinxit se (1). » Il y a dans le texte grec : τον επενδυτην διεσωσατο, « il mit son vêtement « de dessus » ; c'est donc qu'il avait un vêtement de dessous, c'est-à-dire un sadin. Le texte du ch. XIII, v. 4, est non moins concluant : « Surgit a cœna et ponit vestimenta sua. » « Le Sauveur se lève de table, retire (non pas *son*, mais) ses vêtements » ; c'est donc qu'il lui reste encore son sadin ; car il ne peut venir à l'esprit de personne d'admettre, qu'en cette circonstance, il se mit entièrement nu. — Quant au manteau, il en est trop souvent question pour qu'on puisse douter un instant de son existence et de son usage au temps de Notre-Seigneur. On comprend donc que « les commentateurs, comme le dit de son côté le Dr Willems,

(1) Saint Jean, XXI, 7.

soient à peu près unanimes sur ce point (1).

Le chetoneth était le plus ancien de ces vêtements, et remontait, dit avec raison l'abbé Glaire (2) à l'origine même du monde. Le manteau vint ensuite; puis vers le temps de la captivité de Babylone s'introduisit l'usage de revêtir sur la peau même, avant la tunique proprement dite, une sorte de chemise semblable, appelée sadin; de sorte que la tunique qui était à l'origine le vêtement touchant à la peau, fut remplacée dans ce sens par le sadin, tout en gardant exclusivement son nom primitif de chetoneth.

Il faut donc bien se garder de confondre ces deux mots, et de leur appliquer indistinctement, comme l'a fait M. Jacquemot, le nom de tunica. Ce serait se mettre en opposition avec l'auteur lui-même de la

(1) Ils appartiennent à toutes les époques. C'est au XIe siècle Euthymius, *Comm. in cap.* XXVII, Matth; — au XIVe siècle, Ludolphe le Chartreux, t. IV, p. 104; — au XVIe siècle, Jansénius de Gand, *Concord. Evang.* c. 143; — au XVIIe siècle, Jean de Silveira, *Comm. in Evang.*; Jansénius d'Ypres, cap. 27, 35 Matthœi; — D. Wyard, p. 61, Maldonat, Cornelius a lapide, Lamy, Sanchez, etc.; — et dans les temps modernes, Glaire, Introd. aux livres de l'*Ancien et du Nouveau testament.* t. II, p. 218; — Mgr Mislin, *Les lieux Saints*, t. II, p. 257. — Le Dr Willems qui était de cet avis en 1891 (*La Sainte Robe de Notre-Seigneur à Trèves*, p. 82) vient d'adopter récemment l'opinion d'une minorité insignifiante qui n'admet que deux vêtements : le manteau et la tunique, et qui est incompatible avec la thèse de M. Jacquemot. Ces volte-face subites, selon les besoins de la cause, ne laissent pas que d'inspirer quelque défiance, et de prouver, une fois de plus, qu'il faut être absolument désintéressé dans ces sortes de questions, pour les traiter avec impartialité.

(2) *Loc. citat.*, t. II, p. 208.

Vulgate, qui a toujours désigné le chetoneth des Hébreux par cette dernière expression de tunica, et leur sadin au contraire par le mot sindon. Il n'est pas un exemple tiré de l'*Ancien* ou du *Nouveau Testament* qui n'appuie invinciblement cette affirmation. Isaïe prédit aux filles d'Israël que le Seigneur, en punition de leurs prévarications, leur enlèvera « leurs chemises de grand prix »; et le traducteur emploie le mot sindones (1).

Samson propose une énigme aux Philistins, et promet à celui qui la résoudra, trente sadins et trente chetoneths, qui sont exprimés par les mots : « triginta sindones et totidem tunicas (2) ».

Chaque fois que le mot « tunica » est employé dans les *Évangiles*, il indique invariablement le chetoneth, jamais le sadin (3).

C'est pourquoi, si la relique d'Argenteuil est véritablement le vêtement que Notre-Seigneur portait sur sa chair au moment de sa Passion, elle ne saurait mériter le nom de tunique, réservé rigoureusement dans le langage scripturaire au vêtement de dessus; et la langue française n'a qu'un mot pour l'exprimer, c'est celui de « chemise ».

Et lorsque M. Jacquemot vient citer à l'appui de l'affirmation opposée, soit Littré, soit D. Calmet, soit Vigouroux, il ne fait qu'accuser une fois de plus son

(1) Isaïe, II, 23.
(2) *Les Juges*, XIV, 12 et 13.
(3) Voir Matth., V, 40; — XXIV, 18. — Luc, VI, 29; — XXII, 36; — Jean, XIX, 23; — XXI, 7.

ignorance du sujet qu'il traite. Sans doute Littré définit la tunique : « vêtement de dessous que portaient les anciens », car bien que cette qualification de vêtement de dessous chez les Juifs du temps de Notre-Seigneur, convînt depuis longtemps à la chemise et non plus à la tunique, le savant grammairien a pu affirmer d'une manière générale que la tunique était « un vêtement de dessous » puisque tel fut son usage général chez tous les autres peuples de l'antiquité, principalement chez les Grecs et les Romains, et même chez les Hébreux avant l'époque de la captivité de Babylone.

De même lorsque D. Calmet dit dans son commentaire sur Job que « la tunique était l'habit d'intérieur et qui couvrait immédiatement la chair » il se reporte évidemment à l'époque où vivait Job, et où le sadin n'était pas encore en usage.

Quant à Vigouroux, s'il a écrit que « la tunique était le principal vêtement de dessous », il n'a fait qu'abonder dans notre sens ; car nous pensons comme lui que, par rapport au manteau qui était le vêtement de dessus, la tunique était un vêtement de dessous ; et que par rapport au sadin qui n'était qu'un vêtement secondaire, elle méritait parfaitement d'être appelée « le principal vêtement de dessous ».

De plus, s'il est un vêtement de Notre-Seigneur, comme l'affirme l'Évangile, que les bourreaux n'aient point déchiré comme les autres et qu'ils aient gardé dans son intégrité et tiré au sort, ce n'est pas assurément son sadin. L'expression de tunica, après ce qui vient d'être dit, ne laisse aucun doute à ce sujet. Saint Jérôme, s'il eût compris qu'il s'agissait là du vêtement intime de Notre-Seigneur, aurait évidemment employé, comme il l'a toujours fait ailleurs en pareil cas, le mot latin « sindo », et non celui de « tunica », dont il n'use jamais que pour désigner le chetoneth des Hébreux, ou vêtement porté immédiatement sous le manteau.

Du reste, l'accord sur ce point est unanime entre tous les commentateurs de l'Évangile, qui admettent que Notre-Seigneur Jésus-Christ portait, comme ses contemporains, un vêtement adhérent à la chair, différent de la tunique proprement dite (1).

Et lorsque David prophétisait ce partage des vêtements du Rédempteur, et le tirage au sort de l'un d'entre eux « Diviserunt sibi vestimenta mea et super vestem meum miserunt sortem », c'était — le texte le dit aussi clairement dans l'original que dans la traduction — de la tunique de Notre-Seigneur (chetoneth) et non de son sadin qu'il voulait parler.

Donc, malgré son incontestable inconsutilité, la relique d'Argenteuil, dès lors qu'elle est un sadin, ne peut être en aucune façon le vêtement que les bourreaux du Sauveur ont tiré au sort au pied de la Croix, pas plus qu'elle ne peut être appelée tunique proprement dite.

(1) Ludolphe le Chartreux, t. IV, p. 104 : » Milites diviserunt sibi tunicam superiorem » : — Glaire, *loc. cit.*, t. II, p. 210, parlant du chetoneth dit : « C'était de ce vêtement que David avait dit : *Et super vestem meam miserunt sortem.*

§ 3.

IL EST IMPOSSIBLE QUE LE VÊTEMENT DE DESSOUS DE NOTRE-SEIGNEUR AIT ÉTÉ EN LAINE

Une troisième et dernière impossibilité se dresse en face de M. Jacquemot et des partisans de son système, non moins grave et non moins insoluble que les deux précédentes : celle qui vient du tissu même de la relique d'Argenteuil.

Longtemps on fut incertain sur la nature de ce tissu, les uns prétendant qu'il était fait de poil de chameau, les autres de laine. Aujourd'hui on est fixé sur ce point, depuis que les directeurs des Gobelins ont examiné un morceau du vêtement et déclaré sans hésitation qu'il est composé exclusivement de laine. « Il nous paraît donc absolument certain que la matière première du tissu examiné n'est autre que la laine fine, filée à peu près à la même grosseur que nos laines employées à la manufacture des Gobelins (1). »

M. Jacquemot présente triomphalement cette constatation à ses lecteurs, sans se douter que si quelque

(1) Jacquemot, *loc. cit.*, p. 195.

chose pouvait encore subsister de sa thèse, après ce que nous avons dit jusqu'ici, cette déclaration lui donnerait sans rémission le coup de grâce.

Si, en effet, le vêtement conservé dans l'église d'Argenteuil est en laine, il est contraire à toutes les données de l'histoire et de l'archéologie qu'il ait pu être le vêtement adhérent à la peau de Notre-Seigneur Jésus-Christ. Et lors même qu'on prétendrait que le Christ n'a eu qu'un seul vêtement sous son manteau : la tunique, notre affirmation ne perdrait rien de son absolue valeur.

C'est, en effet, un fait incontestable que chez les Hébreux, le vêtement adhérent à la peau n'a jamais été de laine, mais toujours de coton ou de lin. Tant qu'ils se contentèrent de la tunique et du manteau, la tunique fut invariablement en lin ou en coton. La Sainte-Écriture l'atteste en un grand nombre d'endroits, et ne nous offre aucun exemple du contraire. Flavius Josèphe est tellement convaincu de ce fait, qu'il songe plutôt à l'expliquer qu'à le discuter, en faisant dériver le mot hébreux chetoneth de *shethon*, qui veut dire lin : « χεθομενη μεν καλειται λινεον τουτο σημαινει χεθον γαρ τον Λινον ημεις καλουμεν (1). » Saint Jérôme, l'interprète le plus autorisé de nos saints livres, est du même avis : « chetoneth, id est χιτων, quod Hebraeo sermone in lineam vertitur (2). »

Lorsque l'usage prévalut de porter sous la tunique

(1) Antiq. III, 7. 2.
(2) *Lettre à Fabiola*, 128.

un troisième vêtement, il fut constamment tissé en lin ou en coton, jamais en laine. Tous les exégètes des premiers siècles en témoignent clairement (1), et ceux qui sont venus depuis n'ont jamais, que nous sachions, contredit ce témoignage des origines chrétiennes.

Et cette coutume des temps anciens n'était point particulière aux Hébreux ; elle était commune à tous les peuples de l'Orient, aux Égyptiens comme aux Phéniciens, aux Assyriens comme aux Babyloniens (2). C'était de leur part une simple mesure d'hygiène. Ces sadins et plus anciennement ces chetoneths de coton ou de lin leur semblaient beaucoup plus commodes à cause de leur légèreté et de leur fraîcheur naturelle, que les étoffes épaisses de laine blanche qu'ils réservaient comme vêtements de dessus, pour les préserver de la chaleur du soleil, comme font encore aujourd'hui leurs descendants.

Mgr Goux n'a pas songé, en préparant la solennelle ostension de 1894, que par l'incompatibilité qui allait éclater aux yeux de tous ceux qui étudieraient la question entre un sadin et une étoffe de laine, il allait changer leur scepticisme en une incrédulité convaincue.

Et cependant il en est ainsi. D'après ce qui vient d'être dit, l'incompatibilité est frappante, inévitable. La relique d'Argenteuil, puisqu'il est constaté qu'elle

(1) Eusèbe de Césarée. *Hist. eccl.* II, 23. — Saint Epiphane, *Hær.* 78. — *Acta Sanctorum*, sept., t. IV, p. 33. — Saint Augustin, *Serm.* XXXVII, n° 6.

(2) Voir Hérodote, t. Ier, p. 195. — Strabon, XVI, p. 20.

est en laine, ne peut être le vêtement de dessous de Notre-Seigneur Jésus-Christ. A plus forte raison, si « elle est peut-être d'après l'analyse des Gobelins, la pourpre des anciens altérée par le temps (1) ». Se figure-t-on une chemise de pourpre sur la chair du fils adoptif du charpentier Joseph, de celui qui est venu ici-bas pratiquer si parfaitement la pauvreté qu'il enseignait (2) ?

Il nous a fallu arriver à cette fin de siècle actuel, pour entendre dire que des êtres raisonnables étaient capables d'employer pour leurs chemises ou pour leurs draps des étoffes aussi précieuses que la soie, et le sens commun n'y a vu qu'une aberration de plus à ajouter à toutes celles dont l'esprit humain est capable. Si la foule, en voyant dépouiller le Christ de ses habits sur le haut du Calvaire, eût aperçu l'éclat de la pourpre dans son vêtement de dessous, personne n'eût plus désormais prononcé son nom que pour l'ajouter à la liste des imposteurs qui depuis quatre mille ans avaient essayé de se jouer de l'humanité !

Ah ! combien il eût été plus prudent et plus avantageux de s'en tenir à la tradition quatre fois séculaire qui avait toujours vu, dans la relique d'Argenteuil,

(1) Jacquemot, *loc. cit.*, p. 196.

(2) Le Dr Willems a calculé, d'après les données fournies par Pline le Jeune, qu'une tunique de pourpre ordinaire aurait coûté, du temps de Notre-Seigneur, de 400 à 500 francs; en pourpre de Tyr, elle aurait valu de 4 à 5,000 francs. (*La Sainte Robe de Trèves et la relique d'Argenteuil*, p. 60.)

précisément à cause de son tissu en laine, un vêtement extérieur, et non un vêtement intime de Notre-Seigneur Jésus-Christ ! Les preuves assurément seraient restées insuffisantes, comme elles le seront toujours, aux yeux de la critique historique et archéologique ; la rivalité avec Trèves aurait continué (et elle continuera quand même), avec un insuccès toujours croissant peut-être pour Argenteuil : du moins, on ne se serait pas heurté, comme l'a fait M. Jacquemot avec son hypothèse de deux vêtements authentiques de Notre-Seigneur, à l'invraisemblance, à la contradiction, à l'impossibilité, à l'absurde ! Les analyses faites aux Gobelins, au lieu de rendre ainsi impossible l'authenticité de la relique, en auraient du moins confirmé, sinon la réalité, au moins la possibilité ! Et la science, si elle n'eût été ainsi interpellée par l'incommensurable audace de M. Jacquemot, aurait passé son chemin, sans troubler la foi des adorateurs de la relique d'Argenteuil !

Qu'importent maintenant la découverte et la constatation scientifique de ces taches de sang dont M. Jacquemot a fait tant de bruit, et qui font toute la nouveauté de son livre ? Elles seraient un *confirmatur* intéressant, si la relique était authentique ; mais, après ce qui vient d'être dit, elles ne peuvent que prouver, une fois de plus, l'habileté des fabricants de fausses reliques, à donner à leur marchandise tous les caractères possibles de la vraisemblance !

Qu'importent les récits aussi invraisemblables que contradictoires de Grégoire de Tours et de Frédégaire sur l'existence d'une prétendue tunique de Notre-Seigneur en Asie Mineure? Y a-t-il un lien possible, nous le demandons sérieusement, entre une relique dont l'existence est signalée au VIIe siècle en Asie, par des affirmations gratuites et contradictoires, et une autre relique de même nature, qui apparaît tout à coup à l'autre extrémité du monde, après un silence de plus de huit cents ans, entourée de la foi et de la vénération publiques?

Qu'importent aussi tous ces prétendus miracles de troisième ou de quatrième ordre, dont on se plaît à enrichir de temps en temps la légende d'Argenteuil, et qui ne diffèrent en rien de ceux du diacre Pâris au cimetière Saint-Médard, de Mahomet à la Mecque, ou du Dr Charcot à la Salpêtrière?

Quand Dieu voulut découvrir à la piété de l'impératrice Hélène, et par là même à la foi de tous les chrétiens, la Croix sur laquelle son divin Fils était mort pour le salut du monde, il opéra, raconte Eusèbe, de Césarée, le miracle suivant. Cette croix était confondue depuis près de trois cents ans, sous un amas de décombres, avec les gibets qui avaient servi à crucifier les deux larrons, et il était impossible de la distinguer des deux autres. Tout à coup, un convoi funèbre vint à passer. L'évêque de Jérusalem applique successivement les trois croix sur le cadavre, et au contact de la dernière, le mort ressuscite.

La lumière était faite, il n'y avait plus de doute possible sur la vraie croix du Sauveur des hommes.

Un semblable miracle serait bien nécessaire à Argenteuil pour dissiper les doutes qui n'ont jamais cessé de planer sur la relique depuis le jour même de son apparition.

La foi facile des temps passés ne l'a jamais demandé au ciel; les intéressés actuels se garderont bien de le tenter. Parce que, comme nous venons de le démontrer surabondamment, non seulement la relique d'Argenteuil n'est pas authentique, mais que depuis le livre de M. Jacquemot, il est impossible qu'elle le soit.

CONCLUSION

En nommant successivement les curés d'Argenteuil qui se sont intéressés à la relique dont ils furent les dépositaires, M. Jacquemot a omis sciemment le nom d'un vénérable prêtre, mort chanoine titulaire de Versailles qui, de son vivant, relégua simplement la prétendue tunique de Notre-Seigneur dans le grenier du presbytère.

Le procédé était un peu sommaire ; car si l'objet en question est dépourvu de tout mérite au point de vue de la certitude historique, il ne manque pas néanmoins d'une certaine valeur archéologique. C'est une antiquité rare, puisque des experts compétents s'accordent à lui attribuer une origine orientale, et à la faire remonter aux premiers siècles de l'ère chrétienne.

Mais le bon curé Dantan n'avait pas songé aux chimistes des Gobelins et de la Faculté de médecine de Paris. Il avait simplement compulsé les prétendues preuves de son authenticité, et en face d'une légende comme celle de Charlemagne qui ne repose sur rien et qui est en flagrante contradiction avec les faits de l'histoire, en face d'une charte apocryphe et de plus incompréhensible, il avait dit : « Ça, c'est du faux ! » et sans songer que c'était en même temps « du vieux », il avait agi en conséquence.

Il n'est aucun lecteur libre et de bonne foi, après ce qui vient d'être dit, qui, sans vouloir aller aussi loin que ce curé d'Argenteuil, ne dise aussi en son for intérieur : « Ça, c'est du faux ! »

Il se trouvera sans doute en désaccord avec Mgr Goux et M. Jacquemot ; en revanche, il aura l'immense mérite de penser ce qu'a toujours pensé le Saint-Siège lui-même à ce sujet.

Car, il s'en faut de beaucoup qu'on soit convaincu à Rome de l'authenticité de la relique d'Argenteuil. A plusieurs reprises, on a accordé des indulgences, mais on s'est toujours bien gardé de se prononcer sur l'authenticité de la relique.

Innocent X en concède un certain nombre en 1653 à cause de « la pieuse et dévote Confrérie canoniquement instituée sous le titre de la Tunique sans couture de Notre-Seigneur Jésus-Christ ».

En 1804, le cardinal Caprara rétablit la Confrérie et renouvelle de la part de Pie VII les anciens privilèges spirituels, mais sans dire un mot de la relique.

Grégoire XVI, en honorant de la faveur de l'indulgence plénière, en 1843, l'autel qui la contient, se garde bien de rien préciser.

Plus tard, à une époque peu reculée de celle où

nous écrivons, quand Mgr Goux veut faire éditer et imposer à son diocèse un office spécial en l'honneur de la Tunique d'Argenteuil, il rencontre à Rome une invincible opposition (1).

Puis, quand en 1893 M. Jacquemot fait hommage de son livre au Saint-Père, le cardinal Rampolla ne daigne même pas lui répondre et se contente d'adresser à Mgr Goux l'insignifiant billet que connaissent tous les lecteurs de la *Semaine religieuse*.

Enfin, arrive l'année 1894 tant désirée, et fixée pour la solennelle ostension projetée depuis si longtemps. Mgr de Versailles se rend à Rome un an à l'avance, dans l'espoir d'obtenir, séance tenante, l'approbation papale; il revient les mains vides.

Le temps presse cependant. L'année 1894 est déjà commencée, et cette fois, dans le courant de janvier, c'est par un refus formel que Rome vient de répondre aux instances de l'évêque de Versailles.

Mgr est désespéré; il épanche sa douleur dans le sein de l'intrépide M. Jacquemot qui court aussitôt à Rome. Bien entendu, il ne convertit personne, malgré l'article élogieux qu'il s'adresse à lui-même dans le *Nouveau Moniteur* de Rome, et dont Mgr Goux ne craint pas d'attribuer l'inspiration à Léon XIII (2).

Il obtient néanmoins, à force d'instances, que

(1) Ce privilège, ainsi que celui d'une fête spéciale de la Sainte Tunique, a été accordé, il y a longtemps, à la relique de Trèves, que Rome a toujours considérée comme authentique.

(2) Lettre pastorale du 25 mars 1894. — *Semaine religieuse* du 1er avril 1894, p. 565.

l'ostension puisse avoir lieu aux risques et périls de l'évêque de Versailles (1).

C'est ainsi que Rome continue à se renfermer dans la plus rigoureuse abstention au sujet de l'authenticité de la relique d'Argenteuil. Le pape ne désapprouve pas; il accorde même des indulgences parce qu'il juge à propos d'encourager la piété des fidèles, lors même qu'elle se trompe d'objet.

Mais il ne condamne pas davantage ceux qui, sans blâmer le culte dont cette relique est entourée, refusent néanmoins de croire à son authenticité; et cela pour cette bonne raison, qu'au fond, il est d'accord avec eux.

(1) Ces détails pourront être contestés et même niés par les intéressés. Nous déclarons cependant les avoir entendus de la bouche d'un prêtre très honorable et digne de foi, qui nous a assuré les tenir de M. Jacquemot lui-même.

PARIS. — IMP. L. MARETHEUX, 1, RUE CASSETTE. — 5273.

IMPRIMERIE DE LA COUR D'APPEL
Société anonyme
au Capital de 135.000 francs
L. Maretheux
DIRECTEUR
1, Rue Cassette, PARIS

www.ingramcontent.com/pod-product-compliance
Ingram Content Group UK Ltd.
Pitfield, Milton Keynes, MK11 3LW, UK
UKHW021152220726
13924UKWH00003B/1120